Myrian Abicair do Sete Voltas Spa Resort

BANQUETES
DIET

Fotografias de Tuca Reinés

índice

Prefácio 4

Apresentação 7

Carpaccio com Legumes (Cardápio de Mellão). 8

Entrada de Pão de Miga e Salmão Defumado . 10

Flan de Tomates com Ricota Fresca (Cardápio Sérgio Arno). 12

Salada de Camarão Oriental (Cardápio de Clifford Li). 14

Salada de Lulas com Erva Doce (Cardápio de Clifford Li). 16

Arroz Selvagem com Camarão 18

Crepe de Beterraba com Recheio de Ricota e Camembert 20

Crepes de Ervas Recheados com Espinafre 22

Pacotes de Arroz Selvagem com Molho de Açafrão 24

Folhado de Cordeiro com Ervas Aromáticas 26

Medalhões de Filé com Espaguete de Legumes. 28

Mini Abóbora Recheada com Picadinho . . 30

Repolho Recheado com Tiras de Filé 32

Perdiz com Molho de Amoras (Cardápio de Michel Thénard) 34	Flores Multicores.................... 48
Filé de Linguado Recheado com Espinafre . 36	Rocambole de Legumes 50
Filé de Linguado com Shitake 38	Sanduíche Ítalo-Sírio 52
Filé de Linguado ao Molho de Nirá (Cardápio de Michel Thénard).................... 40	Sanduíche Line 54
Filé de Pescada com Purê de Maçã 42	Lichias com Calda de Morango 56
Truta Pochê com Molho de Açafrão (Cardápio de Clifford Li) 44	Mini Abóbora Recheada com Sobremesa Gelada 58
Carpaccio com Alcaparras............ 46	Morango em Calda................. 60
	Papaya Recheado com Morangos e Kiwi . . 62

Prefácio

Comer pouco não é minha especialidade. Fazer dietas para emagrecer, muito menos. Refeições mutiladas pela ausência de um copo de vinho, então, não fazem mesmo meu gênero.

Apesar disso, cá estou introduzindo estas páginas de cardápio de um spa. Faço isto porque, por trás do delírio dietético inevitavelmente contido nas páginas deste "Banquetes Diet", vislumbrei também a busca de uma culinária harmônica, moderna, que corteja e homenageia o paladar, mesmo que partindo de outras referências: uma cozinha que se volta para aquilo que é, afinal, o que distingue o homem dos outros animais que comem para viver: a busca do prazer à mesa. Um prazer hedonista que é plenamente estético, no paladar, no olfato e na visão.

Num país miserável, onde legiões de seres humanos vivem em níveis subprotêicos, pode parecer frívolo, até lunático, preocupar-se com o plano estético (no sentido amplo) de pratos que, em sua esmagadora maioria, estão vazios. Mas não é – como não o é em nenhum dos ramos das artes - a atitude inconformada de olhar adiante, perscrutando, e realizando onde possível, um mundo melhor: a ousadia, a visão de futuro, a postura de vanguarda, são tão importantes para alimentar a cultura quanto o leite materno para nutrir uma criança. As artes da mesa confortam não somente estômagos vazios e paladares gulosos, mas também os espíritos e a cultura de um povo.

Esta impertinência é posta à mesa no Sete Voltas. Quem chega pela primeira vez ao ambiente sereno deste spa se surpreeende ao perceber que a hora da refeição não é exatamente – ou não é somente – o momento do martírio hipocalórico. O massacre das adiposidades é mediado por requintes de sofisticação e de prazer, ainda que trazidos a bordo de pratos tão abreviados (pelo menos é permitido, a quem quiser, transgredir as porções recomendadas). Um prazer que se impõe, mesmo que a comida não tenha sal (mal se percebe), mesmo que as flores, que fazem o prato parecer cheio, não sejam para comer (só algumas), mesmo que os grelhados sejam executados sem manteiga ou azeite, mas sim com insosso óleo mineral.

Pois são estas características, atentatórias aos padrões usuais do nosso paladar, que ao invés de desnaturar os alimentos, terminam por realçá-los. Com o passar dos dias, vai ficando mais claro que o óleo neutro, mineral, permite a existência da fritura (que sela e bronzeia os alimentos, aprisionando sabiamente seus sabores), sem agregar gostos estranhos; que a ausência do sal faz com que estes sabores intrínsecos dos ingredientes, mesmo dos molhos, ganhem o primeiro plano. Coisas que as cozinhas modernas sempre juraram valorizar, mas nem sempre com sucesso.

O Sete Voltas, e com ele este livro, parece querer mostrar que spa não precisa ser sinônimo de flagelo. E que não exclui a presença (mais: a real necessidade) da boa cozinha: veja-se o pioneiro exemplo do templo de Michel Guérard na França, o hotel Lê Pres d'Eugénie (em Eugénie-les-Bains), onde o mestre se instalou em 1972 para demonstrar, como faz até hoje, que uma cozinha leve e bela, adequada às dietas e ao relaxamento, pode ser também alta cozinha. Afinal, diz ele, mesmo em sua cozinha emagrecedora, toda refeição deve ser uma festa.

É este também o caminho que a entusiasmada criadora do Sete Voltas, Myriam Abicair, perseguiu ao convidar quatro chefs de São Paulo para estagiar em seus fogões. Eles levaram seu ensinamento junto com as panelas, trocando idéias com ela, e fazendo cardápios que se adequassem à filosofia do lugar. Às flores e à paz do Sete Voltas, Myriam agregou a erudição inquieta de Mellão, a inquietude moderna de Michel Thénard, a modernidade sofisticada de Sérgio Arno, a sofisticação americanizada de Ciffordi Li. O resultado desta convivência terminou completando este livro.

Se você tem motivos para desviar-se dos excessos, tem agora a chance de seguir estoicamente as receitas aqui publicadas, e emagrecer sem prescindir totalmente do prazer. Caso contrário, simplesmente faça como eu: execute as receitas do livro (mas tudo em dose dupla), abra um bom vinho (escondido, se preciso) – e desfrute uma cozinha moderna e leve, bonita e atraente, que não vai desagradar nem médicos nem gourmets.

Josimar Melo

Apresentação

A proposta deste livro vem responder diretamente ao anseio por uma nova abordagem do prazer de "comer bem", eliminando suas extravagâncias e excessos, assim como suas conseqüências. E falo não só em "emagrecer", perder peso, mas em adquirir e ganhar uma autêntica satisfação consigo mesmo e com a vida. Mas tudo que soasse punitivo (eu bem sabia por experiência própria) resultaria em astúcia para escapar ao "sacrifício". Assim, uma dieta teria que ser gratificante e gostosa.

Gulosa visível, confessa e assumida, eu não tenho como e porque esconder o meu caso de amor com as delícias do paladar. E quando, há dezesseis anos, decidi investir contra as conseqüências desses que perdem a cabeça diante de caixas de chocolate ou de um prato perigosamente tentador, saí com o mesmo ardor para a pesquisa e experiência em busca do cardápio prazeroso, mas salutar.

O Sete Voltas, até então o sítio onde eu morava, em Itatiba, também se preparou para expressar e comungar esse novo princípio de vida: uma atitude de beleza, harmonia e saúde, mas com direito a fartas doses de auto-estima, diversão e prazer. Quis assim fazer do Sete Voltas um Hotel onde ninguém se sentisse um hóspede às portas do martírio ou castigo para alcançar a boa forma e saúde. Fazer dieta, regime, também pode ser gostoso.

A razão deste livro responde ao mesmo lema. Com receitas que se pautam nas mesmas teses dietéticas do Sete Voltas, ou seja, no âmbito das 600 a 1.000 calorias diárias, mas não economizando nada em charme, elegância e criatividade. Para quem já esteve aqui no Sete Voltas, este livro com suas receitas pretende ser um prolongamento da sua proposta à mesa e uma forma de manter aquele ritmo harmonizado (atendendo assim a um antigo e constante pedido de hóspedes e amigos). Mas para aqueles que nunca andaram pelas nossas calmas paisagens, o livro pode oferecer um cardápio "diet", prontinho para perder peso, mas sem perder o prazer de ir para a mesa.

Aqui beleza é o que mais se põe à mesa. Combinar e apresentar alimentos é uma arte tão estimulante quanto misturar as cores para uma tela. Belos arranjos com flores, um buquê da natureza, vão visitar diariamente suas refeições – um detalhe delicioso (que não engorda) que só faz bem à sensibilidade. Mas mesmo o cardápio, os pratos propriamente, em uma dieta podem (e devem) ser saborosamente conduzidos – razão pela qual também aqui apresento, tanto no livro como em temporadas "diet-gastronômicas" no Sete Voltas Hotel, os quatro chefes de restaurantes renomados, que contribuíram com receitas especiais, criadas para atingir o máximo gosto com o mínimo peso calórico.

Bem, à essa altura, é bom ir admitindo que alguma disciplina (para não falar no antipático sacrifício) deverá ser prescrita. Com o livro pronto, só de olhar as fotos, confesso, o cardápio está visivelmente apetitoso. De dar água na boca. Só não vale repetir o prato, ou pedir uma dose reforçada (um dos segredos está em minimizar as quantidades). A não ser que, como eu, ao final das contas, você esteja assumidamente feliz com seus quilinhos a mais...

Myriam Abicair

Entradas | Rendimento: 2 porções | Calorias: 300kcal/porção

Carpaccio com Legumes (Cardápio de Mellão)

Ingredientes

8 flores de brócolis

20g de cebolinha

15g de alho-poró

100g de cenoura

100g de abobrinha

50g de aspargos frescos

1 pitada de sal

1 colher (sobremesa) de vinagre

4 colheres (sopa) de água

1 colher (sobremesa) de azeite

1 colher (sopa) de salsa

1 colher (sopa) de alecrim

250g de filé mignon

1 xícara (chá) de caldo de carne

Modo de Preparo

Retire a base das flores de brócolis e lave bem. Lave também as partes brancas da cebolinha, do alho-poró, a cenoura, a abobrinha e os aspargos. Pique todos os legumes em "julienne" (tiras). Cozinhe no vapor todos os legumes. Retire e reserve. Em uma tigela, coloque o sal, o vinagre e a água. Junte, batendo, o azeite e por último, a salsa e o alecrim bem picados. Reserve. Limpe a carne, enrole em filme plástico e leve ao freezer por 30 minutos. Com uma faca bem afiada, corte a carne gelada em fatias bem finas. Coloque o calda de carne em uma panela e leve ao fogo. Quando ferver, junte as fatias de carne e deixe apenas por alguns segundos, só até perder a cor rosa. Para montar, distribua os legumes em dois pratos, cubra com as fatias de carne e tempere com o molho de ervas. Sirva imediatamente.

Entradas | Rendimento: 1 porção | Calorias: 214kcal/porção

Entrada de Pão de Miga e Salmão Defumado

Ingredientes

1/2 pão de miga

1 colher (sobremesa) de maionese light

30g de salmão defumado

cebolinha francesa picada a gosto

Modo de Preparo

Espalhe na parte inferior do pão de miga, uma camada fina de maionese light. Disponha sobre ela as fatias de salmão e salpique por cima a cebolinha francesa picada. Enrole o pão de miga como rocambole e corte em fatias. Sirva a seguir.

Entradas | Rendimento: 1 porção | Calorias: 260kcal/porção

Flan de Tomates com Ricota Fresca (Cardápio Sérgio Arno)

Ingredientes

meia xícara (chá) de molho de tomate refogado

meia xícara (chá) de ricota

1 colher (sobremesa) de manjericão fresco

1 colher (café) de molho inglês

1 pitada de molho de pimenta forte

sal a gosto

1 folha de gelatina incolor hidratada em água

meio pepino japonês

molho de tomate refogado para acompanhar

folhas de manjericão para decorar

Modo de Preparo

Coloque no processador, o molho de tomate, a ricota, o manjericão, o molho inglês, o molho de pimenta forte e o sal e triture até ficar homogêneo. Retire a gelatina da água e esprema com as mãos. Coloque em um recipiente de vidro e leve ao banho-maria até dissolver totalmente. Junte ao creme batido e misture bem. Pique metade do pepino em cubos pequenos e misture ao creme. Transfira para uma fôrma individual e leve à geladeira até ficar firme (aproximadamente 2 horas). Corte o restante do pepino em rodelas finas. Coloque uma concha de molho de tomate refogado em um prato, desenforme o flan sobre ele e coloque as rodelas de pepino ao redor. Decore com as folhas de manjericão e sirva a seguir.

Entradas I Rendimento: 1 porção I Calorias: 307kcal/porção

Salada de Camarão Oriental (Cardápio de Clifford Li)

Ingredientes

3 camarões grandes
2 xícaras (chá) de água
1 colher (sopa) de vinho branco
1 cebola pequena
meia cenoura pequena
1 abobrinha pequena
1 colher (chá) de óleo de girassol
1 colher (café) de pimenta vermelha picada
1 dente de alho médio picado
3 colheres (sopa) de shoyu
1 colher (chá) de gengibre ralado
1 mini berinjela cortada em leque para decorar

Modo de Preparo

Cozinhe o camarão na água com o vinho e a cebola cortada ao meio por aproximadamente 4 minutos. Reserve. Corte a cenoura e a abobrinha em "julienne" (tiras); mergulhe por 20 segundos em água fervente, com o auxílio de uma peneira e reserve. Prepare o molho misturando o óleo, a pimenta vermelha, o alho e o shoyu. Disponha em um prato os camarões, os legumes cortados e regue com o molho. Salpique o gengibre o decore com o leque de berinjela.

Entradas | Rendimento: 1 porção | Calorias: 185kcal/porção

Salada de Lulas com Erva Doce (Cardápio de Clifford Li)

Ingredientes

1 folha de alface americana

1 folha de alface roxa

2 lulas cortadas em anéis (100g)

sal a gosto

1 colher (sopa) de vinho branco seco

1 colher (sopa) de cebola picada

1 colher (café) de azeite

1 colher (café) de mostarda

1 pitada de pimenta do reino

1 xícara (café) de erva doce picada

fatias de tomate e dill para decorar

Modo de Preparo

Corte as folhas de alface em "julienne" (tiras) e reserve. Tempere as lulas com sal e cozinhe, por 2 minutos, em duas xícaras (chá) de água fervente misturada com o vinho e a cebola. Escorra e reserve. Para o molho, misture o azeite, a mostarda, a pimenta do reino e o sal. Coloque em um prato as tiras de alface e os anéis de lula sobre ela. Salpique com a erva doce picada e regue com o molho de mostarda. Decore com as fatias de tomate e o dill. Sirva a seguir.

Acompanhamentos | Rendimento: 2 porções | Calorias: 250kcal/porção

Arroz Selvagem com Camarão

Ingredientes

12 camarões crus pequenos

2 colheres (sopa) de ervilhas frescas

1 cenoura média picada

sal a gosto

30g de arroz branco cru

30g de arroz selvagem

2 colheres (chá) de óleo de girassol

2 colheres (chá) de cebola picada

Modo de Preparo

No vapor, cozinhe os camarões, as ervilhas e a cenoura com uma pitada de sal. Cozinhe os dois tipos de arroz separadamente com o óleo, a cebola, o sal e água. Depois de cozidos, misture os dois tipos de arroz, os camarões, as ervilhas e a cenoura. Sirva dentro de mini abóboras.

Acompanhamentos | Rendimento: 1 porção | Calorias: 440kcal/porção

Crepe de Beterraba com Recheio de Ricota e Camembert

Ingredientes

Massa:

1 xícara (café) de água

1 xícara (café) de farinha de trigo integral

1 ovo médio

2 fatias de beterraba

2 colheres (café) de óleo de girassol

sal a gosto

óleo para fritar

Recheio:

1 xícara (café) de ricota amassada

1 xícara (café) de queijo camembert

cebolinha francesa para amarrar

alho-poró, salsa crespa, flor de cebolinha e folhas de papaia para decorar

Modo de Preparo

Massa:

Bata no liquidificador a água, a farinha de trigo integral, o ovo, a beterraba, o óleo e o sal. Unte uma frigideira com óleo e coloque uma porção de massa. Deixe dourar e vire o crepe com o auxílio de uma espátula para dourar o outro lado. Reserve.

Recheio:

Misture a ricota com o queijo camembert e recheie os crepes. Amarre as pontas com as cebolinhas francesas passadas em água quente. Coloque em um prato e decore com o alho-poró, a salsa crespa, a flor de cebolinha e as folhas de papaia. Sirva a seguir.

Acompanhamento | Rendimento: 2 porções | Calorias: 160kcal/porção

Crepes de Ervas Recheados com Espinafre

Ingredientes

Massa:

1 xícara (café) de água

1 colher (café) de alecrim

1 xícara (café) de farinha de trigo integral

1 colher (sopa) de salsa

1 colher (café) de tomilho

1 ovo médio

Recheio:

1 xícara (chá) de espinafre

1 colher (café) de óleo de girassol

1 pitada de sal

tiras de cebolinha para amarrar

Modo de Preparo

Massa:

Bata todos os ingredientes da massa no liquidificador. Em uma frigideira antiaderente, coloque uma porção da massa e frite, em fogo baixo, até dourar. Com o auxílio de uma espátula, vire a massa e deixe dourar do outro lado. Coloque em prato e reserve.

Recheio:

Refogue o espinafre no óleo e tempere com o sal. Deixe secar o líquido e desligue. Recheie as massas com o espinafre e feche-as como trouxinhas, amarrando as bordas com tiras de cebolinha passadas na água quente. Decore a gosto e sirva.

Acompanhamentos | Rendimento: 2 porções | Calorias: 289kcal/porção

Pacotes de Arroz Selvagem com Molho de Açafrão
(Cardápio de Mellão)

Ingredientes

50g de arroz selvagem

1 colher (chá) de sal

2 folhas médias de repolho branco

2 folhas médias de repolho roxo

1 xícara (chá) de iogurte desnatado

1 pitada de açafrão em pó (0,15g)

Modo de Preparo

Cozinhe o arroz selvagem somente em água e sal por 40 minutos. Passe rapidamente as folhas de repolho em água fervente. Recheie as folhas com o arroz e dobre-as. Faça um molho com o iogurte, o açafrão diluído em um pouco de água e sal a gosto. Disponha o molho no prato e coloque os pacotes de repolho por cima. Sirva a seguir.

Carnes | Rendimento: 1 porção | Calorias: 420kcal/porção

Folhado de Cordeiro com Ervas Aromáticas
(Cardápio de Michel Thénard)

Ingredientes

1 colher (café) de margarina light

100g de filé de cordeiro

sal a gosto

50g de massa folhada laminada

1 colher (chá) de gema de ovo

2 flores de brócolis

2 folhas de espinafre

1 batata pequena cozida

flores de brócolis e folhas de espinafre para decorar

Modo de Preparo

Aqueça uma frigideira e derreta a margarina light. Frite o filé de cordeiro temperado com sal rapidamente dos dois lados e deixe esfriar. Enrole a massa folhada no filé de cordeiro já frio e pincele a gema por toda a superfície. Coloque em uma assadeira e leve ao forno preaquecido em temperatura média até dourar. Retire do forno, corte as pontas e depois corte em três partes iguais. Cozinhe o brócolis e o espinafre no vapor e bata no liquidificador junto com a batata e o sal. Se necessário, adicione um pouco de água. Regue o cordeiro com esse molho e decore com as flores de brócolis e as folhas de espinafre. Sirva a seguir.

Carnes | Rendimento: 1 porção | Calorias: 250kcal/porção

Medalhões de Filé com Espaguete de Legumes

Ingredientes

100g de carne bovina
magra em filé

1 colher (café) de óleo de
girassol

sal a gosto

meia abobrinha

1 nabo pequeno

meia cenoura

pimenta rosa a gosto

manjericão picado a gosto

Modo de Preparo

Tempere a carne com o óleo de girassol e o sal.
Coloque em uma grelha e deixe até que esteja
cozido. Passe pelo ralador grosso, a abobrinha,
o nabo e a cenoura. Salpique um pouco de sal
sobre os legumes ralados e coloque em uma
peneira. Ferva água e mergulhe os legumes na
peneira por um minuto e escorra. Arrume os
legumes no prato e coloque os filés grelhados.
Decore os filés com a pimenta rosa e o manjericão
picado. Sirva a seguir.

Carnes | Rendimento: 1 porção | Calorias: 78kcal/porção

Mini Abóbora Recheada com Picadinho

Ingredientes

50g de carne magra bovina moída
1 colher (sopa) de cebola picada
¼ de tomate picado
1 cogumelo fresco
sal a gosto
3 colheres (café) de salsa picada
1 mini abóbora
1 colher (café) de pimenta rosa
salsa crespa e cogumelos frescos cozidos para decorar

Modo de Preparo

Em uma frigideira antiaderente, refogue a carne moída com a cebola, o tomate e o cogumelo. Tempere com o sal e junte a salsa picada. Corte a mini abóbora ao meio e retire todo o miolo. Coloque a mini abóbora em um prato sobre folhas verdes, recheie com a carne moída e salpique a pimenta rosa. Decore o prato com salsa crespa e cogumelos frescos cozidos.

Repolho Recheado com Tiras de Filé

Ingredientes

1 mini repolho

120g de carne bovina magra cortada em tiras finas

1 colher (café) de óleo de girassol

sal a gosto

noz moscada a gosto

pimenta rosa a gosto

1 tomate caqui

salsa para decorar

Modo de Preparo

Retire o miolo do mini repolho utilizando uma faca pequena bem afiada. Cozinhe o mini repolho no vapor por uns 10 minutos. Reserve. Refogue as tiras de carne no óleo de girassol até ficar cozida e tempere com o sal, a noz moscada e a pimenta rosa. Coloque a carne refogada dentro do repolho cozido e coloque em um prato. Corte o tomate caqui em fatias grossas e coloque ao redor do repolho recheado. Decore com a salsa e sirva a seguir.

Aves | Rendimento: 1 porção | Calorias: 252kcal/porção

Perdiz com Molho de Amoras (Cardápio de Michel Thénard)

Ingredientes

100g de peito de perdiz com osso

sal a gosto

1 colher (chá) de margarina light

4 colheres (sopa) de vinagre de vinho

2 colheres (chá) de adoçante culinário

2 colheres (sopa) + 2 xícaras (chá) de água

1 xícara (café) de amoras

1 colher (chá) de cebolinha picada

1 colher (chá) de cebola picada

1 cenoura pequena picada

1 xícara (café) de vinho tinto

50g de vagem cozida

cebolinha verde para amarrar

100g de abobrinha em palitos cozida

10 folhas de espinafre cozidas

pimenta rosa a gosto

Modo de Preparo

Desosse o peito de perdiz e reserve o osso. Tempere o peito, sem pele, com sal e frite na margarina light até dourar. Retire e na mesma frigideira, junte metade do vinagre, o adoçante, duas colheres (sopa) de água e as amoras. Cozinhe por aproximadamente 4 minutos e bata rapidamente no liquidificador. Volte ao fogo para reduzir por mais 2 minutos. Reserve. Enquanto isso, cozinhe os ossos da perdiz com a água restante, a cebolinha, a cebola, a cenoura, o vinho e a outra parte do vinagre por aproximadamente 30 minutos. Retire os ossos, bata no liquidificador e passe pela peneira. Junte o caldo de amoras e aqueça novamente. Coloque o peito de perdiz em um prato e regue com o molho. Amarre a vagem com a cebolinha e coloque no prato junto com as abobrinhas e as folhas de espinafre. Salpique a pimenta rosa e sirva a seguir.

Peixes | Rendimento: 1 porção | Calorias: 222kcal/porção

Filé de Linguado Recheado com Espinafre

Ingredientes

150g de filé de linguado
2 colheres (café) de óleo de girassol
suco de 1 limão pequeno
1 pitada de sal
10 folhas de espinafre
meio dente de alho picado ou amassado
1 tira de alho-poró para amarrar
1 galho de salsa para decorar

Modo de Preparo

Tempere o filé de linguado com metade do óleo de girassol, o suco de limão e o sal. Coloque esse filé em uma grelha e deixe até ficar cozido. Refogue as folhas de espinafre no óleo restante e junte o alho. Espalhe essas folhas de espinafre sobre o filé e enrole. Amarre o rolo com a tira de alho-poró e decore com o galho de salsa.

Peixes | Rendimento: 1 porção | Calorias: 180kcal/porção

Filé de Linguado com Shitake

Ingredientes

100g de filé de linguado
sal a gosto
1 colher (sopa) de saquê
1 colher (chá) de amido de milho
4 shitakes
1 colher (sopa) de shoyu
1 colher (café) de óleo de girassol
1 colher (sopa) de gengibre fresco cortado em tiras
1 galho de salsa
flores de cenoura para decorar

Modo de Preparo

Tempere o filé de linguado com sal. Coloque o saquê em uma frigideira antiaderente e cozinhe o linguado. Retire o linguado e polvilhe o amido de milho, mexendo rapidamente até engrossar. Reserve. Refogue o shitake no shoyu junto com o óleo e o gengibre. Reserve. Coloque o filé de linguado em um prato, distribua o shitake e o gengibre. Decore com o galho de salsa e as flores de cenoura.

Peixes | Rendimento: 1 porção | Calorias: 249kcal/porção

Filé de Linguado ao Molho de Nirá (Cardápio de Michel Thénard)

Ingredientes

200g de filé de linguado

sal a gosto

1 batata pequena

1 folha de espinafre

4 flores de brócolis

meia abobrinha

meia cenoura

1 espinha de linguado

meio talo de salsão

meia cebola

meio talo de alho-poró

2 xícaras (chá) de água

1 xícara (chá) de vinho branco seco

1 colher (sobremesa) de nirá picado

Modo de Preparo

Tempere o filé de linguado com sal e cozinhe no vapor. Cozinhe também no vapor, a batata, o espinafre, o brócolis, a abobrinha e a cenoura. Reserve. Faça um caldo de peixe, cozinhando a espinha de linguado, o salsão, a cebola, o alho-poró, a água e o vinho por 40 minutos. Peneire e reserve o caldo. Bata o caldo no liquidificador com o nirá, a batata cozida e sal. Arrume os legumes cozidos em um prato e coloque o linguado. Regue com o molho de nirá e sirva a seguir.

Dica: O nirá é um alho japonês, parecido com cebolinha. Se não encontrar o nirá, substitua pela cebolinha.

Peixes | Rendimento: 1 porção | Calorias: 270kcal/porção

Filé de Pescada com Purê de Maçã

Ingredientes

2 filés de pescada

suco de meio limão

sal a gosto

2 maçãs pequenas

2 folhas de almeirão roxo

fatias de maçã e um galho
de pimenta vermelha para
decorar

meia maçã sem a polpa

Modo de Preparo

Tempere os filés com o limão e o sal e deixe descansar durante 1 hora. Cozinhe os filés no vapor por 10 minutos. Descasque as maçãs pequenas, retire as sementes, pique e cozinhe até ficarem macias. Bata no liquidificador ou processador até virar um purê. Reserve. Arrume os filés em um prato sobre as folhas de almeirão e decore com as fatias de maçã e o galho de pimenta. Disponha o purê de maçã dentro da meia maçã sem a polpa e coloque junto no prato. Sirva a seguir.

Truta Pochê com Molho de Açafrão (Cardápio de Clifford Li)

Ingredientes

1 abobrinha média

sal a gosto

75g de filé de truta

pimenta do reino a gosto

2 colheres (sopa) de vinho branco seco

1 colher (chá) de açafrão em pó

1 xícara (café) de creme de leite light

Modo de Preparo

Corte a abobrinha em formato de escamas, salpique sal e cozinhe no vapor até ficar macia. Tempere a truta com sal e pimenta do reino e cozinhe no vapor com duas xícaras (chá) de água e o vinho. Dissolva o açafrão em duas colheres (sopa) de água e ferva por 1 minuto. Aqueça o creme de leite e incorpore o açafrão dissolvido. Cozinhe por 2 minutos, mexendo sempre, e tempere com sal. Coloque esse molho no fundo de um prato, disponha a truta no prato e cubra o filé com as escamas de abobrinha. Sirva a seguir.

Lanches | Rendimento: 1 porção | Calorias: 197kcal/porção

Carpaccio com Alcaparras

Ingredientes

Molho de Alcaparras:
4 colheres (sopa) de alcaparras
suco de meio limão
1 colher (chá) de mostarda
1 colher (chá) de molho inglês
Sanduíche:
2 fatias de pão de glúten diet
3 folhas de alface
2 galhos de agrião
8 fatias de carpaccio de mero defumado
1 colher (sopa) alcaparras

Modo de Preparo

Molho de Alcaparras:

Bata todos os ingredientes no liquidificador e reserve.

Sanduíche:

Passe o molho de alcaparras nas duas fatias de pão e coloque-as em um prato. Cubra as fatias de pão com as folhas de alface e as folhas de agrião. Coloque por cima o carpaccio e decore com as alcaparras. Sirva a seguir.

Lanches | Rendimento: 2 porções | Calorias: 210kcal/porção

Flores Multicores

Ingredientes

2 fatias de pão diet

2 colheres (sopa) de molho de tomate

2 colheres (sopa) de maionese light

2 colheres (sopa) de requeijão light

2 colheres (sobremesa) de mostarda

2 colheres (sopa) de ricota amassada

1 colher (sobremesa) de salsa picada

folhas de manjericão, salsa crespa, pimentão cortado em triângulos e champignon para decorar

Modo de Preparo

Corte oito flores de pão com cortadores pequenos e reserve. Faça quatro tipos de patês para passar sobre as flores de pão.

1º - Misture o molho de tomate com metade da maionese. Reserve.

2º - Misture o requeijão com metade da mostarda. Reserve.

3º - Misture a ricota com o restante da mostarda. Reserve.

4º - Misture a maionese restante com a salsa. Reserve.

Espalhe esses patês sobre as flores de pão e decore com as folhas de manjericão, a salsa crespa, o pimentão e o champignon. Sirva a seguir.

Lanches | Rendimento: 1 porção | Calorias: 261kcal/porção

Rocambole de Legumes

Ingredientes

1 colher (sopa) de maionese light

1 colher (sopa) de ricota amassada

1 fatia grande de pão diet

meia cenoura ralada

¼ de pimentão vermelho bem picado

meia beterraba ralada

1 rabanete pequeno ralado

1 salsicha de peru

Modo de Preparo

Misture a maionese com a ricota e passe na fatia de pão. Disponha sobre o pão a cenoura, o pimentão, a beterraba e o rabanete. No meio deles, no centro do pão, coloque a salsicha grelhada e enrole com cuidado. Corte em fatias e sirva a seguir.

Lanches | Rendimento: 2 porções | Calorias: 249kcal/porção

Sanduíche Ítalo-Sírio

Ingredientes

1 pão sírio

2 colheres (sopa) de
maionese light

1 tomate maduro e
fatiado

2 bolas de mussarela de
búfala fatiadas

folhas de manjericão
fresco para decorar

Modo de Preparo

Abra o pão ao meio e reserve a parte de cima.
Passe a maionese light por toda a superfície
da base do pão sírio. Disponha as fatias de
tomate e sobre elas, as fatias de mussarela de
búfala. Escolha um tomate que seja maior que
as bolas de mussarela, para dar um contraste.
Decore as mussarelas de búfala com as folhas de
manjericão, feche o sanduíche com a parte de
cima do pão sírio, corte ao meio e sirva.

Lanches | Rendimento: 3 porções | Calorias: 157kcal/porção

Sanduíche Line

Ingredientes

3 fatias de peito de peru defumado

3 fatias de pão preto

4 fatias de pão diet

meio pimentão vermelho

e 1 rabanete para decorar

Modo de Preparo

Corte o peito de peru defumado em formato circular. Coloque sobre as fatias de pão preto, também cortadas em formato circular, apenas um pouquinho maior que o peito de peru. Recorte o pão branco em um círculo menor, coloque sobre o peito de peru e decore com os pedaços de pão preto, pimentão vermelho e rabanete. Sirva a seguir.

Sobremesas | Rendimento: 4 porções | Calorias: 30kcal/porção

Lichias com Calda de Morango

Ingredientes

1 xícara (chá) de lichias sem a casca

2 xícaras (chá) de água

2 cravos da índia

4 paus de canela

6 colheres (café) de adoçante em pó tipo aspartame

Calda:

1 embalagem de gelatina diet sabor morango

1 litro de água

meia xícara (chá) de morangos

Modo de Preparo

Leve uma panela ao fogo médio com as lichias, a água, os cravos e a canela. Depois que as lichias estiverem macias, desligue o fogo, deixe esfriar um pouco e misture o adoçante.

Calda:

Leve ao fogo médio a gelatina diet sabor morango com a água. Deixe até dissolver. Acrescente os morangos batidos no liquidificador, misture e desligue. Coloque a calda de morango por cima das lichias. Sirva gelado.

Sobremesas | Rendimento: 1 porção | Calorias: 31kcal/porção

Mini Abóbora Recheada com Sobremesa Gelada

Ingredientes

meio pacote de mistura

para pudim diet de

morango

meio pacote de gelatina

diet de framboesa

1 mini abóbora

flores e folhas de salsão

para decorar

Modo de Preparo

Prepare o pudim de morango diet conforme instruções da embalagem e coloque em um refratário pequeno. Deixe esfriar e leve à geladeira. Prepare a gelatina conforme instruções da embalagem e deixe esfriar. Quando o pudim já estiver firme, despeje a gelatina sobre ele e volte à geladeira para firmar. Corte uma tampa da mini abóbora e retire todo o miolo. Reserve. Quando a sobremesa estiver firme, corte em pequenos cubos e coloque dentro da mini abóbora. Coloque em um prato, decore com as flores e folhas de salsão e sirva e seguir.

Sobremesas | Rendimento: 6 porções | Calorias: 48kcal/porção

Morango em Calda

Ingredientes

800g de morangos limpos

1 xícara (chá) de água

19 colheres (café) de adoçante em pó tipo aspartame

morangos inteiros para decorar

Modo de Preparo

Leve uma panela ao fogo com os morangos limpos e a água. Deixe cozinhar até os morangos amolecerem, sem desmanchar. Retire do fogo, deixe esfriar um pouco e acrescente o adoçante em pó tipo aspartame, mexendo delicadamente. Decore com os morangos inteiros.

Sobremesas | Rendimento: 1 porção | Calorias: 174kcal/porção

Papaya Recheado com Morangos e Kiwi

Ingredientes

10 morangos

1 envelope de adoçante em pó

meio mamão papaya cortado na vertical

1 kiwi

morangos inteiros e flores para decorar

Modo de Preparo

Coloque os morangos e o adoçante no liquidificador e bata até ficar líquido. Reserve. Retire as sementes do mamão papaya e reserve. Descasque e corte o kiwi em fatias finas e coloque dentro do papaya. Despeje a calda de morango no fundo de um prato, coloque o mamão recheado com o kiwi e decore com os morangos inteiros e as flores. Sirva a seguir.

Editora Boccato Ltda. EPP
Rua Comendador Elias Zarzur, 1470 – Alto da Boa Vista
04736-002 – São Paulo – SP
(11) 5686-5565 – editora@boccato.com.br

EDITORA BOCCATO

Editora Gaia LTDA.
(pertence ao grupo Global Editora e Distribuidora Ltda.)
Rua Pirapitingüi, 111-A - Liberdade 01508-020
São Paulo - SP - Brasil (11) 3277-7999
www.globaleditora.com.br – gaia@editoragaia.com.br

Editora Gaia - Diretor Editorial: Jefferson L. Alves
Diretor de Marketing: Richard A. Alves
Impressão: Escolas Profissionais Salesianas

Edição: André Boccato
Fotografias: Tuca Reinés
Produção: Airton G. Pacheco
Direção de Arte: Eduardo Schultz
Produção de textos: Jesebel Salen, Cláudia Pacceta
Consultoria Nutricional: Aline Maria Terrassi Leitão, Elisabeth Helena Rodrigues Alves, Daniela de Oliveira, Sete Voltas Spa Resort
Chefs Convidados: Sergio Arno, Michel Thénard, Mellão, Clifford Li
Culinaristas: Sete Voltas Spa Resort, Lucia Aguiar, Sandra Ferreira da Silva
Revisão: Rita Pereira de Souza
Coordenação Administrativa: Maria Aparecida C. Ramos
Assistente Geral: Cenair Streck

As fotografias deste livro são ensaios artísticos, não necessariamente reproduzindo as proporções e realidade das receitas, as quais foram criadas e testadas pelos autores, porém sua efetiva realização será sempre uma interpretação pessoal dos leitores. Em caso de dúvidas sobre as receitas aqui contidas, ligar para Departamento de Atendimento do Sete Voltas Spa Resort, fone: 11 4534-7800 - 4524-1487 - 4524-1711

Dados Internacionais de Catalogação na Publicação (CIP)
(Câmara Brasileira do Livro, SP, Brasil)

> Abicair, Myrian
>   Banquetes Diet / Myrian Abicair ; Fotografias de Tuca Reinés. -- São Paulo : Gaia : Boccato, 2006.
>
>   ISBN 85-7555-118-3
>
>   1. Banquetes I. Reinés, Tuca. II. Título.
>
> 06-8302   CDD-642.4

Índices para catálogo sistemático:

1. Banquetes light :   642.4